Die Zeit ist wie ein Garten

Wortbilder zu Liebe, Leid und Leben

von Hans-Jürgen Sträter

Impressum

Die Zeit ist wie ein Garten
Wortbilder zu Liebe, Leid und Leben
von Hans-Jürgen Sträter

Herausgeber: Adlerstein Verlag
Verlag: BoD · Books on Demand GmbH, In de Tarpen 42,
22848 Norderstedt
Druck: Libri Plureos GmbH, Friedensallee 273,
22763 Hamburg
ISBN: 978-3-7693-1834-0
Ausgabe 2024
Texte: Hans-Jürgen Sträter
Bildnachweis:
Coverfoto und Seite1, 10, 34, und 50 von Arthur J. Elser
Seite 18 von Christina Buhr,
Seite 8, 26 und 38 von Hans-Jürgen Sträter/Dall-E,
Seite 44 aus wikimedia commons, „Rosa Ave Maria",
Rosengarten der Stadt Köln, Autor Geolina 163

„Alle Dinge sind durch das Wort geworden,

und ohne das Wort ist nichts geworden,

was geworden ist.“

Johannes 1.3

Inhalt

Seite

Vorwort

Die Wortbilder möchten auf unsere wunderbare Sprache aufmerksam machen, die wir unbewusst täglich gebrauchen. Unsere Vorfahren entwickelten zuerst die gesprochene Sprache, viel später kam die Erfindung dazu, Worte in Bildern zu malen.
Heute noch gibt es viele Schriften, die sich aus den Bildsymbolen entwickelt haben. Worte und alle Kommunikation über Bücher, Telefon, Internet und andere Medien entwickeln sich weiter, sie sind ein wichtiger Bestandteil unserer geistigen Evolution. Dabei besteht ein Unterschied, ob man Worte hört oder liest. Hören spricht direkt das Herz an, beim Lesen erfolgt der Umweg erst über den Verstand.
Wenn Sie den Text dieses Buches für sich oder andere vorlesen, wird das deutlich spürbar.
„Ein Bild sagt mehr als tausend Worte". Folgende Wortbilder mögen zum Nachdenken und Gespräch anregen.

Viel Freude beim (Vor-)Lesen!

Weihnachten 2024, Der Verfasser

Weihnachten ist wie eine neue Weltgeburt.

Sie zeugt allumfassend von Gottes Liebe,

Menschen Leid und ewig Leben.

Die Zeit ist wie ein Garten.

Wer in der Vergangenheit gräbt,

kann in Zukunft viel ernten.

Liebe ist wie ein Sommerwind.

Ihre Wärme geht unter die Haut

und sie gibt unserer Seele Auftrieb.

*Hunger ist wie der Schuldenberg,
den die Reichen aufgehäuft haben
und der ihr Gewissen erdrückt.*

Bergsteigen ist wie eine Kur.

Sie heilt von Lärmschäden

und macht die Lunge wieder frei.

Großes Leid ist wie ein Starkregen.

Er entwertet unseren Besitz

und offenbart unsere Hilflosigkeit

Plastik ist wie ein Tsunami,

der die Welt überflutet

und das Leben erstickt.

Singen ist wie eine Seelenwäsche.

Sie befreit von traurigen Gedanken

und lässt unsere Augen strahlen.

18

Das Leben ist wie ein Regenbogen.

Durch Sonne und Wolken

können seine Farben leuchten.

Tränen sind wie Regenschauer.

Sie helfen bei der Reife des Lebens,

damit Seelenfrüchte wachsen.

Das Wort ist wie ein Faden.

Er verbindet das Heute

mit der Vergangenheit und Zukunft.

Gottes Liebe ist wie ein Ehering.

Sie ist endlos

und aus reinem Gold.

Der Tod ist wie ein Tor.

Wie wir es durchschreiten,

liegt an unserer Hoffnung.

Gott ist wie ein großes Geheimnis.

Wer ihn von ganzem Herzen sucht,

wird auch sich selber finden.

Frieden ist wie ein Fundament.

Auf ihn bauen wir Freudensäle

und Bollwerke gegen den Hass.

Musik ist wie die Morgenröte einer neuen Welt,

sie bringt die Seele zum schwingen

und die Augen zum leuchten.

Der Tod ist wie ein Überraschungsei.

Einige hoffen auf eine Füllung,

Christen wissen mehr.

Liebe ist wie eine Ziegelei.
Ihr Feuer brennt die Steine,
die unser Leben erbauen.

Die Macht ist wie ein Messer.

Man kann damit Brot schneiden,

doch wehe, es wird missbraucht.

Der Krieg ist wie eine Pesthölle

und überaus ansteckend,

voller Terror, Tod und Teufel.

Das Geld ist wie ein Januskopf.

Vorne lächelt es unserem Glück zu

und hinten grinst es über Not und Tod.

Konsumrausch ist wie ein Sandsturm,

der uns die Orientierung

und den Atem raubt.

Ein Buch ist wie ein Wein.

Er ist mal süß, mal sauer,

und manchmal zu Essig geworden.

Ein Baum ist wie ein Zeitenschiff.

Die Passagiere leben auf den Decks

und auch unten im Verborgenen.

Liebe ist wie ein Urelement.

Ohne ihre Anziehungskraft

würde die Welt zerfallen

Die Zeit ist wie ein Garten,

manchmal gepflegt,

mit süßen oder bitteren Früchten.

Ein Lied ist wie ein Feuer.
Es entflammt unsere Herzen
mit ansteckender Fröhlichkeit.

Der Tisch ist wie ein Webstuhl.

Hier werden Verbindungen geknüpft

und manche Dinge eingefädelt.

Freude ist wie die Luft zum Atmen.

Ohne sie wird das Herz kalt

und das Leben verdorrt.

Worte sind wie Nervenzellen.

Sie bilden den Geist der Menschheit,

Kultur, Geschichte und Religion.

Liebe ist wie ein Rosengarten.

Wenn wir die Blüten berühren,

stören uns die Dornen nicht.

Beten ist wie ein guter Vater,

der leise mit uns spricht

und immer liebend zuhört.

*Der Glaube ist wie eine Brücke
vom Kopf zum Herzen,
vom Wissen zur Gewissheit.*

Freundschaft ist wie eine Burg.

Sie schützt, gibt Sicherheit

und macht mutig und stark.

Alleinsein ist wie eine Wüste.

Die Zunge wird trocken

und die Seele verdurstet.

Die Zeit ist wie ein Garten.,

Wer früh etwas Gutes sät,

wird später reichlich ernten.